BEI GRIN MACHT SICH IHR WISSEN BEZAHLT

- Wir veröffentlichen Ihre Hausarbeit, Bachelor- und Masterarbeit

- Ihr eigenes eBook und Buch - weltweit in allen wichtigen Shops

- Verdienen Sie an jedem Verkauf

Jetzt bei www.GRIN.com hochladen und kostenlos publizieren

GRIN

Matthias Frerix

Eine endliche Geschichte: Allianz und Dresdner Bank

Das Allfinanzkonzept und seine Folgen

GRIN Verlag

Bibliografische Information der Deutschen Nationalbibliothek:

Die Deutsche Bibliothek verzeichnet diese Publikation in der Deutschen National-
bibliografie; detaillierte bibliografische Daten sind im Internet über http://dnb.d-
nb.de/ abrufbar.

Impressum:

Copyright © 2011 GRIN Verlag GmbH
Druck und Bindung: Books on Demand GmbH, Norderstedt Germany
ISBN: 978-3-656-04784-1

Dieses Buch bei GRIN:

http://www.grin.com/de/e-book/181690/eine-endliche-geschichte-allianz-und-
dresdner-bank

GRIN - Your knowledge has value

Der GRIN Verlag publiziert seit 1998 wissenschaftliche Arbeiten von Studenten, Hochschullehrern und anderen Akademikern als eBook und gedrucktes Buch. Die Verlagswebsite www.grin.com ist die ideale Plattform zur Veröffentlichung von Hausarbeiten, Abschlussarbeiten, wissenschaftlichen Aufsätzen, Dissertationen und Fachbüchern.

Besuchen Sie uns im Internet:

http://www.grin.com/

http://www.facebook.com/grincom

http://www.twitter.com/grin_com

Eine endliche Geschichte: Allianz und Dresdner Bank

Das Allfinanzkonzept und seine Folgen

Hausarbeit

Im Rahmen des Moduls BW02

Segmente und Institutionen der Finanzdienstleistungswirtschaft

Wintersemester 2010 /2011

Vorgelegt am 29. März. 2011

Lehrstuhl für Betriebswirtschaftslehre, insb. Finanzdienstleistungen

Heinrich Heine Universität

Von

Matthias Frerix

Abgabedatum: 04. April 2011

Inhaltsverzeichnis

1.   Das Allfinanzkonzept und dessen Bedeutung in Deutschland

Die vorliegende Hausarbeit analysiert die Übernahme der Dresdner Bank durch die Allianz 2001 und den anschließenden Verkauf an die Commerzbank 2008. Hierzu werden die Motive der Transaktionen unter dem Aspekt des Allfinanzkonzeptes dargestellt. Zum Schluss werden das Ergebnis der Transaktionen und die Aktualität des Allfinanzkonzeptes diskutiert.

Allfinanz bezeichnet grundsätzlich den Vertrieb von Bauspar- und Versicherungsleistungen durch eine Bank, sowie im Umkehrschluss den Vertrieb von Bankleistungen durch eine Versicherungsgesellschaft. Ein Vorteil liegt in den geringeren Kosten. Fixkosten werden über mehrere Produkte verteilt. Zudem sind die Vertriebskosten niedriger als die Kosten der Makler bzw. Agenten. Aber auch der Bekanntheitsgrad der Bank und die höhere potenzielle Kundenabdeckung bringen Vorteile.

In den 80er Jahren wurde das Allfinanzkonzept durch erzielbare Verbundeffekte fokussiert. Diese „Economies of Scope" stellt Farny vor und erweitert das Modell mit einer „Handels- bzw. Vermittlungsstufe". Die Unternehmen der Handelsstufe treten, im Gegensatz zu den Banken und Versicherungen, mit dem Kunden in direktem Kontakt und vermitteln die Bank- bzw. Versicherungsprodukte.[1] Porter stellt in der von ihm entwickelten Branchenstrukturanalyse fünf Kräfte des Wettbewerbs heraus. Eine der Kräfte ist die Gefahr durch Substitutionsprodukte. Um dieser Gefahr zu entgehen, schließen sich Wettbewerber zusammen, um gegenseitig Ersatzprodukte anzubieten. Diese Geschäftsmodelle werden als „Allfinanzmodelle" bezeichnet.[2] Eine Neuinterpretation des Allfinanzkonzeptes unter Berücksichtigung des Resource-based View arbeitet ausführlich Börner heraus. Der Resource-based View umfasst Konzepte, die auf distinktiven Ressourcen zurückgehen. Durch die Bündelung dieser einzigartigen Merkmale können Kernkompetenzen entwickelt werden, welche wiederum Wettbewerbsvorteile schaffen.[3] Welche Bedeutung wird jedoch dem Allfinanzkonzept in Deutschland zur Zeit der Übernahme der Dresdner Bank beigemessen? Und wie lässt

[1] Vgl. Farny (1991), S. 163ff.

[2] Vgl. Porter (2008), S. 58f.

[3] Vgl. Börner (2000a), S. 58ff. Weitere Ausführungen zu „Kernkompetenzen" finden sich bei Börner (2000b) S. 76ff. und zu den Merkmalen distinktiver Ressourcen auf S. 75

es sich in Bezug zu anderen Ländern abgrenzen? 1999 schafft der US-Kongreß das Glass-Steagall-Gesetz ab. Banken und Versicherungen sind nicht mehr strikt getrennt und können nun Ihre Geschäftsrisiken durch Fusionen diversifizieren. Dies führt weltweit zu einer deutlichen Steigerung der Anzahl und des Volumens von Mergers. In Frankreich und Spanien dominieren die Allfinanzkonzepte; gefolgt von Portugal, Italien und Belgien. In Bezug auf die Lebensversicherungen setzten Spanien 65%, Frankreich 60%, Belgien und Italien je 50% durch Allfinanzanbieter um. Im Vergleich lag der Umsatz in Deutschland bei nur 18%. Dies kann darin begründet werden, dass vor der Übernahme der Dresdner Bank noch immer in Deutschland die Agenten den Versicherungsmarkt dominierten. Zudem waren die gesetzlichen Auflagen für Versicherungsprodukte wesentlich höher als in den Nachbarländern.[4] Versicherer tätigen auch Geschäfte, die nach §1 Kreditwesengesetz unter enumerative Bankgeschäfte fallen. Nach §7 Versicherungsaufsichtsgesetz ist es den Versicherern jedoch verboten, versicherungsfremde Geschäfte zu tätigen. Hinter diesem Hintergrund versteht sich die Aussage von Schulte-Noelle „Der Allfinanzbegriff ändert sich im Zeitablauf und er ist von Land zu Land verschieden."[5]

2. Die Motive der Übernahme der Dresdner Bank durch die Allianz 2001 unter Zugrundelegung des Allfinanzkonzeptes

2.1. Partizipation am wachsenden Markt für Altersvorsorge durch Skaleneffekte

Einen Trend, den Versicherungsunternehmen kritisch erkennen, ist ein deutliches Abflachen der Wirtschaft. Dieser Rückgang wird in der Schaden-, Unfall-, Kraftfahrzeug- und Industrieversicherung deutlich. Als Gründe nennt Schulte-Noelle: Stagnierende Einkommen, eine Erhöhung der Preissensibilität und die Übernahme höherer Risiken, um die Prämien niedrig zu halten.[6] Der wichtigste Trend wird jedoch in der kapitalgedeckten Altersvorsorge gesehen. „Dort, in der Personenversicherung

---

[4] Vgl. Scor Newsletter (2003), S. 1ff.

[5] Vgl. Schulte Noelle (1998), S. 117

[6] Vgl. Schulte Noelle (1998) , S. 112f.

liegen die Wachstumspotentiale der Zukunft."[7] Dies liegt daran, dass dieser Markt in den letzten Jahren bereits signifikante Zuwachsraten zu verzeichnen hatte. Von 1998 bis 1999 legten die Bruttobeiträge der Lebensversicherungen in Deutschland von 7942 Mio.€ auf 8916 Mio.€ zu.[8] Dies entspricht einer prozentualen Steigerung von 12,3%. Die anstehende Reform der gesetzlichen Rentenversicherung 2000/2001 senkte das Nettorentenniveau eines idealtypischen Sozialversicherungspflichtigen. Die freiwillige Altersvorsorge, in Form der Riester-Rente, sollte durch eine Altersvorsorgezulage staatlich unterstützt werden. In Bezug auf die demografische Lage sieht die Allianz eine Änderungsrate des Verhältnisses zwischen der Staatsrente und kapitalgedeckten Vorsorgeformen von gegenwärtig 80:20 auf etwa 50:50 Prozent.[9] Zudem wird von einem „Attractive long-term savings market in Germany" gesprochen, wobei die Wachstumsraten von 1999 bis 2004 im Bereich: Life 9% Equities 14% Investment Funds 17% liegen sollen. Der wichtigste Absatzkanal ist der Bankenbereich. Dort soll nach dem Zusammenschluss mit der Dresdner Bank der Umsatz im Bereich: Equities 92% Funds 72% Life 20% betragen. Dies führt somit unmittelbar zu einer „leading position" auf dem Rentenmarkt.[10] Mit der Akquisition der Dresdner Bank sollen Skaleneffekte erzeugt und für die Partizipation an dem Markt für Altersvorsorge genutzt werden. Synergien erklären sich dadurch, dass der Wert der Unternehmung nach der Akquisition größer ist als es die Summe der einzelnen, voneinander unabhängigen Unternehmungen vor dem Zusammenschluss war. Es wird unterstellt, dass durch „financial synergies" geringere Kapitalkosten, durch „operational synergies" geringere operative Kosten und durch „collusive synergies" höhere Preise auf Grund gemeinsamer Preispolitik erzielt werden. Besonders bei den operative synergies finden die Konzepte der Economies of Scale und der Economies of Scope Beachtung. Economies of Scale sind Skaleneffekte, bei denen die Stückkosten durch einen erhöhten Output sinken. Economies of Scope bezeichnet hingegen positive Verbundeffekte, auf Grund von Leistungsbündel. Der damalige Vorstandsvorsitzende Schulte-Noelle betont, dass die eigene Produktion Skalenerträge sichert, einen strategischen Vorteil bietet und

---

[7] Vgl. Schulte Noelle (1998), S. 114

[8] Vgl. Geschäftsbericht Allianz Gruppe (2000), S. 111

[9] Vgl. Schulte Noelle (2003), S. 7f.

[10] Vgl. Allianz Transaktionen, Präsentation(englisch) Folie 4ff.

Voraussetzung für die Produktqualität als „unique selling proposition" ist.[11] Die erwarteten Synergien durch die Akquisition werden wie folgt beziffert: Einsparungen bis 2005 von 2,24Mrd.€. Ab 2006 liegt der Betrag bei jährlich 1,08Mrd.€. Hiervon entfalle der größte Teil auf Ertragssynergien und nicht auf Kostensenkungsmaßnahmen. Der Restrukturierungsaufwand betrage bis 2006 lediglich 375 Mill. Euro. Kritisch wird jedoch von vielen Experten und Analysten geäußert, dass sich die Ertragssynergien wesentlich schwieriger bestimmen lassen als Kosteneinsparungen.[12] Weitere Synergieeffekte, die in Zahlen nicht bezifferbar und auch somit nicht von Schulte Noelle genannt werden, erwähnt Dinauer. Skill-Effekte bezeichnen die Vergrößerung der Know-how Basis, die sich aus der Übernahme der besten Erfahrungswerte und Kenntnisse der Mitarbeiter der Dresdener Bank und Allianz erzielen lassen.[13] Der Erzielung von Skaleneffekte durch externes Wachstum stehen jedoch auch einige kritische Punkte gegenüber, die es zu beachten gilt. Farny führt als Beispiel aufsichtsrechtliche und wettbewerbsrechtliche Restriktionen an. Synergieprozesse erfordern erhebliche Zeit, besonders wenn Unternehmensleitbilder und –kulturen, sowie Kundenkreise und Produkte der zusammengefassten Wirtschaftseinheiten verschieden sind.[14] Ergänzend nennt Ringel Koordinationskosten, die z.B. durch die Schulung des Personals entstehen.[15] Sollte eine Konzernlösung nicht funktionieren, drohen beachtliche Gefahren: Das Vertrauen in die Aktie kann verloren gehen, was zu einer Underperformance der Aktie führen kann (Kursverlust). Die Kunden ziehen sich zurück (Markanteilsverlust) und Mitarbeiter können durch eine Konzeptlosigkeit sich gezwungen sehen das Unternehmen zu verlassen (Know-how Verlust).[16] Im Folgenden soll nun eine Übersicht gegeben werden, wie sich der Umsatz der Lebensversicherungen bei der Allianz speziell in Deutschland entwickelt hat. Eine Auswertung der Zahlen folgt im Kapitel 4 dieser Hausarbeit.

---

[11] Vgl. Schulte Noelle (2003), S. 15

[12] Vgl. Handelsblatt (2001)

[13] Vgl. Dinauer (2001), S. 74f.

[14] Vgl. Farny (2000), S. 492

[15] Vgl. Ringel (1991), S. 206f.

[16] Vgl. Schüller (1999), S. 56

Jahr	1998	1999	2000	2001	2002	2003	2004
∑ Bruttobeiträge LV Deutschl. (Mio.)	7942	8916	9094	8981	9700	10446	10938
Prozentuale Änderung		12,30%	2,00%	-1,20%	8,00%	7,70%	4,70%
Jahr	2005	2006	2007	2008	2009	2010	
∑ Bruttobeiträge LV Deutschl. (Mio.)	12231	13009	13512	13487	15049	15961	
Prozentuale Änderung	11,80%	6,40%	3,90%	-0,20%	11,60%	6,10%	

Tabelle[17]

2.2. Ausbau des Asset Management durch Bündelung distinktiver Ressourcen

Die Beweggründe der Akquisition der Dresdner Bank durch die Allianz sind vielfältig. Neben der Partizipation am wachsenden Markt für Altersvorsorge durch Skaleneffekte wird häufig der Ausbau des Asset Managements genannt. Dieser soll durch die Bündelung einzigartiger Ressourcen erzielt werden. Nach Börner sind Ressourcen distinktiv, wenn Barrieren vorhanden sind, die ein Nachahmen der Konkurrenz verhindern. Zudem dürfen keine Substitutionsmöglichkeiten bestehen und ein Kundennutzen muss vorhanden sein, den andere nicht anbieten können.[18] Wie bereits in Kapitel 1 erwähnt, können in Betrachtung des Resource-based View Kernkompetenzen zu Wettbewerbsvorteilen führen, wodurch dann wiederum Erträge generiert werden können. Bei dem Transfer dieser distinktiven Ressourcen und Kernkompetenzen in einem Allfinanzkonzept besteht jedoch auch die Gefahr der Verbundnachteile (Diseconomies of Scope). Börner stellt in Bezugnahme auf eine Studie von Collis und Montegomery die möglichen Diversifikationsschwierigkeiten zusammen. Allgemein sind das die Koordinationskosten und die Zunahme der Komplexität des Unternehmens. Als spezielles Merkmal ist vor allem die Identifizierbarkeit und Transferierbarkeit der Ressource zu nennen, um diese bewerten zu können. Jedoch wird der Nutzen meist

---

[17] Vgl. Geschäftsbericht Allianz Gruppe: (2000) S. 111; (2003) S .69; (2006) S. 58; (2009) S. 138; (2010) S. 86

[18] Vgl. Börner (2000a), S. 58

überschätzt.[19] Die Kernkompetenzen beziehen sich auf Produkteigenschaft, den Marktzugang und auf die Unternehmensführung.[20] Der Marktzugang wird durch die Akquisition der Dresdner Bank deutlich verstärkt. Mit insgesamt 12.000 Agenturen in Deutschland und 17 Millionen Kunden erweitert sich die Kundenbasis um 6,5 Millionen Kunden bei 1.200 Filialen. Die zuvor erwähnte Rentenreform soll zusätzliche Liquidität dem Allfinanzkonzern zu kommen lassen. Es wird erwartet, dass sich die Advance Bank und die Vermögensplaner der Dresdner Bank mit dem Finanzplaner der Allianz ergänzen. Durch die damit verbundene Übernahme der Dresdner Investmentbank Dresdner Kleinwort Wasserstein (DKW) wird gleichzeitig das Geschäft mit Publikumsfonds ausgebaut. Hier ist vor allem der DIT zu erwähnen, der mit 50 Milliarden Euro Assets under Management und einem Marktanteil von circa 14 Prozent einer der führenden Anbieter in Deutschland ist.[21] Die vorher erworbenen US-amerikanischen Investmentgesellschaften PIMCO und Nicholas-Applegate sollen getrennt von der DKW bestehen bleiben. Durch die Integration soll ein verwaltetes Vermögen von 985 Mrd. Euro die Allianz im globalen Vergleich auf Rang 5 bringen.[22] Die Allianz formuliert sein Ziel wie folgt: „Creates a leading asset management franchise with presence in all key regions."[23] Jedoch wird beabsichtigt die Investmentbank DKW später zu verselbstständigen. Schulte Noelle sieht zudem ein wirtschaftliches Umfeld, welches das Asset Management auch in Zukunft weiter stärken wird. Hier nennt er die Generation, die das ererbte Vermögen zu höheren Performanceerwartungen anlegen wird. Es wird in Deutschland ein Anwachsen der Geldvermögensanlagen (einschl. Versicherungen) bis 2010 auf 5,6 Billionen Euro erwartet. Dies entspricht einem Zuwachs von 2002 von 40% in 8 Jahren.[24] Als weiteren Vorteil führt er die Ergebnisstabilität an. Im Börsenboom wird das Ergebnis durch Bankgeschäfte, vor allem dem Investmentbereich, positiv beeinflusst. In schwierigen Zeiten stützt das krisenresistente Versicherungsgeschäft. Die Kernkompetenz bezieht

[19] Vgl. Börner (2000a), S. 60ff.

[20] Vgl. Hamel (1994), S. 16

[21] Vgl. Allianz Transaktionen, Pressemeldung 01.04.2001

[22] Vgl. Handelsblatt (2001)

[23] Vgl. Allianz Transaktionen, Präsentation(englisch) Folie 4ff.

[24] Vgl. Schulte Noelle (2003), S. 8f.

sich jedoch auch auf die Produkteigenschaft. Hier soll eine tiefgefächerte Produktpalette es erlauben, den Produktmix nach Profitabilitätsgesichtspunkten zu optimieren. Besonders zwischen Leben und Fixed-Income-Asset-Management.[25] Im Folgenden soll nun eine Übersicht gegeben werden, wie sich die Kapitalanlagen für Dritte bei der Allianz entwickelt haben. Eine Auswertung der Zahlen folgt im Kapitel 4 dieser Hausarbeit.

Jahr	2000	2001	2002	2003	2004	2005
∑ Kapitalanlagen für Dritte in Deutschl. (Mrd.)	336	620	561	565	585	743
Prozentuale Änderung		84,50%	-9,50%	0,70%	3,50%	27,00%

Jahr	2006	2007	2008	2009	2010
∑ Kapitalanlagen für Dritte in Deutschl. (Mrd.)	764	765	703	926	1164
Prozentuale Änderung	2,80%	0,10%	-8,10%	31,70%	25,70%

Tabelle[26]

3. Die Motive des Verkaufs der Dresdner Bank an die Commerzbank 2008 und die damit verbundenen Folgen des Allfinanzkonzeptes

3.1. Konzentration auf die Stärkung der Bancassurance – Strategie

Im Jahr 2008 entscheidet der Vorstandsvorsitzende Diekmann, der Schulte-Noelle 2003 abgelöst hatte, die Dresdner Bank an die Commerzbank zu verkaufen. Damit verbunden ist ein Strategiewechsel der Allianz von der Konzernbildung (institutionelles Allfinanzkonzept) zur Vertriebskooperation (funktionales Allfinanzkonzept). Durch den Verkauf der Dresdner Bank an die Commerzbank 2008 entsteht ein neues Institut mit insgesamt 11 Millionen Privatkunden und mehr als 100.000 Firmenkunden und institutionellen Kunden. Die Allianz sichert sich durch den Verkauf die Vertriebskooperation mit der neuen Commerzbank. Das bedeutet, dass die Zusammenarbeit der Commerzbank mit dem italienischen Versicherungskonzern Generali nicht weiter fortgesetzt wird, sondern zukünftig Versicherungsprodukte der Allianz den Kunden angeboten werden. Darüber hinaus wird der neue Partner der

[25] Vgl. Schulte Noelle (2003), S. 13

[26] Vgl. Geschäftsbericht Allianz Gruppe: (2001) S. 84; (2003) S. 84; (2005) S. 77; (2006) S. 65; (2008) S. 66; (2009) S. 140; (2010) S. 91

Commerzbank im Bereich Asset Management Allianz Global Investors.[27] Die Oldenburgische Landesbank (OLB) bleibt Teil der Allianz Deutschland AG, sodass sämtliche Bankprodukte der neuen Commerzbank und der OLB über die Allianz bezogen werden. Bereits im Jahr 2000 betonte Schulte-Noelle, dass Bancassurance nicht mit dem Begriff Allfinanz gleichzusetzen ist, sondern vielmehr einen erfolgreichen Ausschnitt des Vertriebs von Lebensversicherungen über den Bankvertrieb darstellt.[28] Diese Strategie der Bancassurance soll durch die Vertriebspartnerschaft mit dem Zugang zum großen Filialnetz gestärkt werden. Dinauer bezeichnet diese Art der Zusammenarbeit als strategische Allianz. Fortschritte in der Netzwerk- und Datenbanktechnologie erfordern ein immer höheres Know-how. Andererseits zwingt der wachsende Kostendruck zur Konzentration auf Kernkompetenzen. Dies steht wiederum im Gegensatz zur Forderung der Nachfrager alles „aus einer Hand" zu bekommen. Die strategische Allianz bildet hier einen Lösungsansatz.[29] In Bezug auf den Resource-based View sieht Börner dauerhafte Kooperationen kritisch, die sich auf strategisch relevante Bereiche beziehen. Es besteht die Problematik, dass die vollständige Kontrolle, wie auch die Einzigartigkeit gefährdet wird. Desweiteren werden bei Kooperationen spezifische Investitionen nur bedingt zugelassen. So gilt es, nicht die gesamte Wertkette zweier Unternehmen zu verknüpfen, sondern nur die Teile der Wertkette, in denen die distinktiven Ressourcen wettbewerbswirksam werden.[30]

3.2. Das Scheitern des integrierten Allfinanzkonzerns

Das ausschlaggebende Motiv für den Verkauf der Dresdner Bank im Jahr 2008 war das Scheitern des Allfinanzkonzerns. Die einzelnen Gründe sind vielseitig und teilweise ineinander verzahnt. Börner setzt sich mit der Problematik von Integrationslösungen auseinander und nennt z.b. den Zwang der kompletten Übernahme des Unternehmens und nicht einzelner Teile, die die relevanten distinktiven Ressourcen beinhalten. Zudem

---

[27] Vgl. Allianz Transaktionen, Pressemitteilung 31.08.2008

[28] Vgl. Schulte Noelle (1998), S.120f.

[29] Vgl. Dinauer (2001), S. 56f.

[30] Vgl. Börner (2000a), S .63

sind Konzerne im Gegensatz zu Kooperationen langfristig ausgelegt.[31] Die Allianz ist weitestgehend auf Privatkunden ausgerichtet. Zwar wurde mit der Akquisition ein großer Privatkundenkreis erschlossen, jedoch passte das Firmenkundengeschäft und die Dresdner Investmentbank Dresdner Kleinwort Wasserstein (DKW) nicht in das Allfinanzkonzept des Konzerns. Diese Einheiten enger zu verzahnen, um Kosten zu senken oder die DKW zu verselbstständigen, brachte keinen Erfolg. Bereits im Jahre 2003 betonte Schulte-Noelle, dass vor allem im Firmenkunden- und im Investmentbankinggeschäft noch einiges an Vorhaben zu verrichten gilt. Dies sei aber in Planung und sollte zeitnah umgesetzt werden. Desweiteren bekräftigte er seine Meinung, dass wenn in diesen beiden Unternehmensbereichen langfristig keine positiven Wertbeiträge geschaffen werden, die Allianz alle Optionen prüfen werde.[32] Desweitern nennt Börner das Problem der Bewertung der distinktiven Ressourcen und damit die Schwierigkeit der Unternehmensbewertung und des Kaufpreises. Die Allianz bezahlte ca. 26 Milliarden Euro für die Dresdner Bank. Die Allianz bot den Aktionären der Dresdner Bank eine Allianz Aktie und 200 Euro in bar gegen 10 Dresdner Bank Aktien. Das entsprach einem Kursaufschlag von 25%![33] Im letzten Jahr vor dem Verkauf wurde ein Verlust von 2,4 Mrd. Euro erzielt. Das operative Ergebnis sei um knapp drei Milliarden auf 7,4 Milliarden Euro gesunken. Hier sei zu nennen, dass die Dresdner Bank die Allianz unter anderem durch Verluste und Abschreibungen mit insgesamt 6,4 Milliarden Euro belastet hat. Der Umsatz der Allianz Gruppe sank um 5,3%. Der Jahresüberschuss sank von 7,3 Milliarden Euro auf 4 Milliarden Euro. Das Geschäft mit Sachversicherungen blieb weitestgehend stabil, jedoch wurden Einbußen im Bereich Lebensversicherungen verzeichnet.[34] Börner nennt zudem allgemeine Schwierigkeiten, die mit der Konzernintegration verbunden sind. Zum Beispiel die hohe Kapitalbindung, institutionelle Hemmnisse auf Grund der Rechtsform, Eigentümerstruktur und das Rechtssystem.[35] Ein ganz wichtiger Erfolgsindikator ist die Kongruenz der Unternehmenskulturen. Jedoch gab es gerade in diesem Bereich

---

[31] Vgl. Börner (2000b), S .315f.

[32] Vgl. Schulte Noelle (2003), S. 7

[33] Vgl. Allianz Transaktionen, Interview 03.04.2001

[34] Vgl. Manager Magazin (2009)

[35] Vgl. Börner (2000b), S. 316

Unstimmigkeiten. Um das Allfinanzkonzept zu retten, beschloss der Vorstandsvorsitzende Diekmann den Verkauf von Dresdner Bank Konten durch Allianz Agenten zu fokusieren. Günstigere Konditionen sollten helfen 300.000 Neukunden zu generieren.[36] Jedoch verweigerten sich viele Agenten der Allianz diesem Plan. Die Stimmung unter den Mitarbeitern verschlechterte sich zunehmend.[37] Damit die Agenten die Konten hätten verkaufen können, müsste eine umfassende Schulung der Mitarbeiter angestoßen werden. Dieser Wissenstransfer hin zu Bankprodukten benötigt Jahre. Seit dem Kauf der Dresdner Bank im Jahr 2001 reduzierte sich jedoch die Kundenzahl von 6,5 Millionen auf 5,3 Millionen.[38] Das Problem der Kundenloyalität erörtert Dinauer explizit.[39] Es ist festzuhalten, dass bei abnehmender Kundentreue auch die Neigung zum „One-Stop-Shopping" zurückgeht. Das bedeutet, dass viele Kunden der „Finanzierung aus einer Hand" weniger Bedeutung zukommen lassen und Verträge mit verschiedenen Finanzdienstleistern eingehen. In Bezug auf die in Kapitel 2.1 bereits genannten Gefahren, die bei einer fehlgeschlagenen Konzernintegration möglich sind, lässt sich folgendes festhalten: Der Kursverlust der Allianz Aktie ist nachweisbar festzustellen. Nach der Veröffentlichung des Verkaufs der Dresdner Bank stieg die Aktie an. Ebenfalls ist ein deutlicher Marktanteilsverlust auf Grund der abnehmenden Kundenloyalität zu konstatieren. Eine Abwanderung von Know-how durch den Weggang gut ausgebildeter Agenten ist anzunehmen, da die Mitarbeiter mit der Strategie des Allfinanzkonzeptes nicht zufrieden waren. Somit bleibt festzuhalten, dass das Scheitern des integrierten Allfinanzkonzerns nicht mehr abwendbar war und der Wechsel zur Kooperation eine strategische Lösungsmöglichkeit darstellte.

4.   Die Auswirkung der Transaktionen für die Allianz und die Chancen des Allfinanzkonzeptes heute

Im Folgenden soll der Kauf der Dresdner Bank dem Verkauf an die Commerzbank gegenübergestellt werden. Zunächst wird, in Bezugnahme auf die Tabelle im Kapitel

---

[36] Vgl. RP Online (2005)

[37] Vgl. Financial Times (2005)

[38] Vgl. RP Online (2005)

[39] Vgl. Dinauer (2001), S .127ff.

2.1., die Bruttobeiträge des Lebensversicherungsgeschäfts in Deutschland im Zeitablauf betrachtet. Von 1998 zum Jahr 1999 stiegen die Beiträge der Allianz im Bereich Lebensversicherung um 12,3%. Die anstehende Reform der gesetzlichen Rentenversicherung 2000/2001 sollte das Nettorentenniveau senken und führte bereits zu erhöhten Abschlüssen. Die weiteren Jahre unter der Akquisition entwickelten sich moderat. Es wurden zumeist einstellige prozentuale Zuwachsraten verzeichnet. Von den, in Kapitel 2.1. genannten bzw. von der Allianz angenommenen, Wachstumsraten blieb man entfernt. Der höhere Anstieg im Jahr 2005 von 11,8% lässt sich auf das Alterseinkünftegesetz zurückführen. Im Jahr des Verkaufs der Dresdner Bank 2008 stagnierte der Umsatz und ging leicht um -0,2% zurück. Nach dem Verkauf im Jahr 2009 war ein deutlicher Anstieg von 11,6% zu verzeichnen. Dies lässt sich auf die starke Nachfrage nach Investmentprodukten mit Einmalprämien zurückführen.

Betrachtet sei nun, in Bezugnahme auf Tabelle im Kapitel 2.2., die Summe der Kapitalanlagen für Dritte in Deutschland. Von 2000 bis 2001 legte die Summe von 336 Mrd. auf 620 Mrd. Euro zu, was einer Steigerung von 84,5% entspricht. Hier sind die Akquisitionen der Allianz zu berücksichtigen. Nicholas Appelgate trug +29 Mrd., sonst. Gesellschaften +9Mrd., PIMCO Gruppe +36Mrd. und die Dresdner Bank +211 Mrd. Euro hinzu. Der Anstieg von 27% im Jahr 2005 basierte auf freundliche Aktien- und Rentenmärkte, was sich wiederum auf die verwalteten Fonds auswirkte. Im Jahr 2008 nahm das Vermögen der Kapitalanlagen für Dritte -8,1% ab, wohingegen ein Jahr später ein Zufluss von 31,7% zu verzeichnen war. Diese Entwicklung hängt mit der Finanzmarktkrise zusammen, wo zuerst ein Mittelabfluss durch risikoscheue Kunden und später der Marktaufschwung Triebkräfte des Asset Management waren. Zudem ist der signifikante Anstieg von über 30% mit der Akquisition der Cominvest zu sehen. Letztendlich lässt sich festhalten, dass sich das Asset Management im Zeitablauf besser als das Lebensversicherungsgeschäft entwickelt hat, wenn auch stark durch die Finanzmärkte beeinflusst. Dies bestätigen die vielen Awards der Allianz im Bereich Asset Management. Hervorzuheben ist der Award von Thomson Reuters, der Allianz Global Investors als besten deutschen Vermögensverwalter 2010 bewertet.[40]

Stellt man nun den Kauf und den Verkauf gegenüber, lässt sich in Zahlen ausgedrückt sagen, dass der Kaufpreis von ca. 26 Mrd. Euro den Verkaufspreis von ca. 9 Mrd. Euro deutlich überschreitet. Der Verkauf, welcher in 2.Etappen vollzogen werden sollte, d.h.

---

[40] Vgl. Allianz Global Investors, Awards

zuerst ein Verkauf von 60,2% der Anteile und später die restlichen 39,8%, wurde vor dem Ausbrechen der Finanzkrise beschleunigt. Es wurde ein sofortiger Eigentumswechsel von 100% mit der Commerzbank vereinbart. Der größte Teil des Verkaufspreises wird mit Aktien der „Neuen Commerzbank" bezahlt. Mit einem 30%igen Anteil wird die Allianz Großaktionär und kann so Entscheidungen mit durchsetzen. Mit der Integration der Cominvest in Allianz Global Investors baut die Allianz Ihre Position als führender Vermögensverwalter in Deutschland weiter aus. Der neue Kooperationsvertrag, der die Bancassurance Strategie stärkt, verpflichtet die Commerzbank zum Verkauf von Allianz Produkten. Dies ist auch der Grund, warum die Allianz die Dresdner Bank nicht an eine meistbietende chinesische Staatsbank verkaufte. Der strategische Nutzen der neuen Kooperation hat für die Allianz deutlich mehr Wert, als ein kurzfristig realisierbarer höherer Verkaufspreis. Somit ist der Verkauf ein strategisches Manöver, was zum richtigen Zeitpunkt getroffen wird und wodurch die Allianz sich dennoch als Gewinner sehen kann. Zumindest im Verkauf der Dresdner Bank. Aus Sicht der Commerzbank wird spekuliert, dass der Kauf der Dresdner Bank ein Akt der Selbstverteidigung war, da die Commerzbank selber zu einem Übernahmekandidaten geworden wäre. Ein Vergleich der Börsenwerte von Bloomberg im Jahr 2008 belegt, dass die Commerzbank international auf Platz 80, die Deutsche Bank auf Platz 32 liegt. Zudem fokussieren Institute wie die spanische Santander, die italienische Intesa Sanpaolo oder die niederländische ING den deutschen Bankenmarkt.[41]

Wie sind jedoch die Chancen des Allfinanzkonzeptes heute?

Der Gesetzgeber plant den Anlegerschutz zu stärken, indem er im Bereich Altersvorsorge mehr Transparenz und Wettbewerb schafft. Hierzu sollen in der Ansparphase der Lebensversicherung bzw. Rentenversicherung Kennzahlen zu Renditeminderungen und in der Auszahlphase eine Kostenquote verpflichtend öffentlich bereitgestellt werden. Auch in die Anlageberatung soll stärker reglementiert werden. Jeder Anlageberater soll registriert werden. Bei einer Falschberatung drohen Bußgelder. Durch entsprechende Nachweise werden die Qualifikationen des Mitarbeiters kontrolliert. Das Deutsche Institut für Service-Qualität (DISQ) zeigte in seiner Studie „Beste Altersvorsorge 2010" auf, dass viele Anlageberater schlechte Bedarfsanalysen bei Kunden tätigen. Die Commerzbank liegt hier mit 38,3% auf Platz 4, die Deutsche

---

[41] Vgl. Spiegel Online (2008)

Bank liegt mit 69,1% immerhin auf Platz 3. Jedoch ist gerade die Qualität der Altersvorsorgeberatung bei komplexen Produkten der Schlüssel zum langfristigen Erfolg.[42] Auffällig ist, dass sich der Verkauf von Versicherungsprodukten an Bankschaltern durchgesetzt hat, wohingegen der Absatz von Bankprodukten durch Versicherer eine geringe Bedeutung beigemessen wird. Dies liegt an den Provisionen, sowie an den Beratungskompetenzen der Verkäufer. Während Mitte/Ende der achtziger Jahre viele Finanzdienstleiter die Strategie des Allfinanzkonzeptes verfolgten, ist seit der Jahrhundertwende ein Auflösen aus diesen Beteiligungsstrukturen zu erkennen. Als Beispiel ist vor allem die ING Groep, die durch die Fusion von 2 Banken und 3 Versicherungen Vorreiter im Allfinanzgedanken ist zu nennen. Die Aufspaltung soll bis spätestens 2013 umgesetzt werden. Weitere Beispiele sind die belgisch-niederländische Fortis-Gruppe, Credit Suisse / Winterthur, Citigroup / Travellers und Allianz / Dresdner Bank. Neben der Auflösung der Allfinanzaufsicht ist zu konstatieren, dass in Europa getrennte Aufsichtsbehörden für Kreditinstitute und Versicherer errichtet werden. Die demografische Entwicklung, wie auch das wachsende Geldvermögen der privaten Haushalte, machen die Allfinanz Strategie dennoch auch heute interessant. Jedoch ist die Konzernlösung, wie auch an dem Beispiel der Allianz und Dresdner Bank zu sehen war, mit wesentlich größeren Risiken verbunden, als eine kurzfristig ausgerichtete strategische Kooperationslösung.

---

[42] Vgl. Terliesner, in: Bankmagazin (2010)

Literaturverzeichnis

Allianz, Archiv Geschäftsberichte:
Geschäftsberichte der Allianz Gruppe, (2000) veröff. 31.05.2001, (2001) veröff.
18.04.2002, (2003) veröff. 18.03.2004, (2005) veröff. 16.03.2006, (2006) veröff.
16.03.2007, (2008) veröff. 13.03.2009, (2009) veröff. 19.03.2010, (2010) veröff.
18.03.2011,
URL:https://www.allianz.com/de/investor_relations/berichte_und_finanzdaten/g
eschaeftsbericht/archiv/index.html

Allianz Global Investors (2011):
Alle Awards im Überblick,
URL:http://www.allianzglobalinvestors.de/web/main?page=/cms-out/ueber-
uns/auszeichnungen/awards.html

Allianz, Transaktionen:
Allianz und Dresdner Bank schaffen führenden Finanzdienstleister,
Präsentation: Allianz Group and Dresdner Bank vom 03.04.2001, London.
Pressemitteilung: Allianz und Dresdner Bank schaffen führenden
Finanzdienstleister vom 01.04.2001
Interview: Fragen und Antworten zum Zusammenschluss mit der Dresdner Bank
vom 03.04.2001
URL:https://www.allianz.com/de/investor_relations/transaktionen/dresdner/page
1.html
Allianz verkauft Dresdner Bank an Commerzbank
Pressemitteilung: Allianz verkauft Dresdner Bank an Commerzbank und wird
größter Aktionär der neuen Bank vom 31.08.2008
URL:https://www.allianz.com/de/investor_relations/transaktionen/dresdner/page
5.html

Börner, Christoph J.: (2000a)
Allfinanz, neue Bankvertriebswege und Resource-based View, in: Mitteilungen
und Berichte des Instituts für Bankwirtschaft und Bankrecht – Abteilung
Bankwirtschaft, 31. Jahrgang (2000), Nr. 83, Seite 49-73. Börner (2000)

Börner, Christoph J.: (2000b)
Strategisches Bankmanagement. Ressourcen- und marktorientierte Strategien
von Universalbanken, München/Wien 2000.

Dinauer, Josef: (2001)
Allfinanz. Grundzüge des Finanzdienstleistungsmarkts, München/Wien 2001.

Farny, Dieter: (1991)
Allfinanz – Das betriebswirtschaftliche Konzept, in: Allfinanz – Strukturwandel
an den Märkten für Finanzdienstleistungen, Beihefte zu Kredit und Kapital,
H.11, hrsg. von Hans-Jacob Krümmel, Hannes Rehm und Diethard B. Simmert,
Berlin 1991, S.161-176.

Farny, Dieter: (2000)
Versicherungsbetriebslehre, Karlsruhe 2000.

Financial Times: (2005)
Vertreter monieren rabiaten Allianz-Stil vom 04.11.2005
URL: http://www.ftd.de/unternehmen/versicherungen/:vertreter-monieren-rabiaten-allianz-stil/29178.html

Hamel, Gary: (1994)
The Concept of Core Competence, in: Competence-based Competition, hrsg. von Gary Hamel und Aimé Heene, Chichester u.a. 1994, S. 11-33

Handelsblatt (2001):
Positive Ertragssynergien durch Übernahme, Allianz will weltweit an die Spitze vom 31.05.2001
URL:http://www.handelsblatt.com/unternehmen/banken/allianz-will-weltweit-an-die-spitze/2070826.html

Manager Magazin: (2009)
Allianz / Dresdner Bank – Zum Abschied ein Milliardenverlust vom 26.02.2009
URL: http://www.manager-magazin.de/finanzen/artikel/0,2828,609979,00.html

Porter, Michael E.: (2008)
Wettbewerbsstrategie (Competitive Strategy), 11. Auflage, Frankfurt am Main 2008.

Ringel, Johannes: (1991)
Organisations- und Steuerungsfragen aus der Sicht eines international tätigen Kreditinstituts, in: Allfinanz – Strukturwandel an den Märkten für Finanzdienstleistungen, Beihefte zu Kredit und Kapital, H.11, hrsg. von Hans-Jacob Krümmel, Hannes Rehm und Diethard B. Simmert, Berlin 1991, S.193-S.208

RP Online: (2005)
Allfinanz-Konzept soll gerettet werden, Allianz-Vertreter sollen Bankkonten verkaufen vom 06.01.2005 URL: http://www.rp-online.de/wirtschaft/news/unternehmen/Allianz-Vertreter-sollen-Bankkonten-verkaufen_aid_74108.html

Schüller, Stephan: (1999)
Merger-Management – Schlüssel für erfolgreiche Bankenfusion, in: Konzentration am Bankenmarkt, Beiträge zum Münsteraner Top-Management-Seminar, Band 20, hrsg. von Bernd Rolfes, Henner Schierenbeck und Stephan Schüller, Frankfurt am Main, 1999, S.51-S.63

Schulte-Noelle, Henning: (1998)
Der Finanzdienstleistungsmarkt aus Sicht der Versicherungsunternehmen, in: Finanzplatz Deutschland an der Schwelle zum 21. Jahrhundert. Schlaglichter – Herausforderungen – Visionen, hrsg. von Hans E. Büschgen, Frankfurt a.M. 1998, S. 109-122

Schulte-Noelle, Henning: (2003)
Allfinanz – Zukunftsmodell der Finanzwirtschaft? , Vortrag an der Ruhr-
Universität Bochum zum Thema „Eine Krise ist immer eine Chance" vom
13.02.2003, Bochum, S.1-17 URL: http://www.ruhr-uni-
bochum.de/aktuell/2003/02_finanzmarktforum/texte/Allfinanz_Zukunftsmodell_
Finanzwirtschaft.pdf

Scor, Division Vie: (2003)
Das Allfinanzgeschäft weltweit, Eine höchstunterschiedliche Landschaft,
Technischer Newsletter Scor vom Feb. 2003, URL: http://scor-
front1.heb.fr.colt.net/www/fileadmin/uploads/publics/NT2003_10_al_NTS10al.
pdf

Spiegel Online (2008):
Verkauf der Dresdner Bank, Warum Deutschland eine neue Superbank braucht
vom 25.08.2008 URL: http://www.spiegel.de/wirtschaft/0,1518,574206,00.html

Terliesner, Stefan (2010):
Geschacher um Provisionen, in: Bankmagazin, Heft 2010/10, S. 8-13.